Hiddensee

Leo Nowak

HIDDENSEE

Wanderung über die Insel

Fotografiert von Ingo Scheffler

Henschel Verlag 1996

Die Insel Hiddensee
Herausgegeben von Kuno Mittelstädt

Literaturnachweis:

Alexander Ettenburg	Die Insel Hiddensee bei Rügen, das Ostseebad der Zukunft, Kommissarischer Verlag von Hans Kruse, Bergen auf Rügen 1912
Arved Jürgensohn	Hiddensee das Capri von Pommern. Ein Reiseführer und Erinnerungsbuch, Verlag von Karl Haertel Bücherklause und Antiquariat Kloster auf Hiddensee/Liegnitz 1924 (1. Auflage 1912)
Renate Seydel (Herausgeberin)	Hiddensee. Ein Lesebuch Ullstein Verlag GmbH Frankfurt/Main · Berlin 1991

ISBN 3-89487-165-2

2. überarbeitete Auflage 1996
Gesamtgestaltung und Satz: AS Satz & Grafik, Berlin
Reproduktionen: Druckhaus Mitte, Berlin
Druck und Verarbeitung: Mladinska knjiga tiskarna, Ljubljana
Printed in Slovenia

Der Leuchtturm im Nebel

Blick auf die Insel

Aus welcher Himmelsrichtung auch immer der Besucher sich der Insel Hiddensee nähert, ob mit den großen Fahrgastschiffen vom Festland, von Stralsund, ob mit den Schiffen von Rügen – von Schaprode oder Wittower Fähre – oder mit dem Segel- oder Motorboot von der offenen See: stets wird er als weithin sichtbares Wahrzeichen den Leuchtturm auf dem Dornbusch erblicken. Dort, an der Nordküste der Insel mit ihren Steilufern, erhebt er sich mit seiner stattlichen Höhe von fast 23 Metern, und seine in das Dunkel greifenden Lichtarme zeigen auch heute noch auf der Ostsee den Schiffen den Weg. Erbaut im Jahre 1888, hat er mit seinem festen Gemäuer den Wandel der Zeiten überstanden, und auch der nächtlich über die Insel zu Fuß oder Fahrrad sich heimwärts bewegende Gast wird sich an den Strahlen seines Lichtes verläßlich orientieren können. Im Blick bleiben wird er aber auch tagsüber dem Wanderer, für den dieser Führer gedacht ist. Nach der Ankunft auf der Insel, für den Tagesbesucher meist die Häfen Kloster und Vitte, ist er für viele ein Anziehungspunkt, zu dem sie sich auf die Wanderschaft begeben.

Ankunft in Kloster

Noch heute gilt, was Alexander Ettenburg, der «Einsiedler von Hiddensee«, zu Beginn unseres Jahrhunderts in seiner für die Insel werbenden Veröffentlichung »Hiddensee – das Ostseebad der Zukunft« feststellte: »Wie Kloster infolge der Nähe des romantischen Berglandes stets der Hauptort für den Ausflugsverkehr Hiddensees bleiben wird, so wird Vitte von Jahr zu Jahr mehr und mehr seinen Bade- und Strandleben-Verkehr vergrößern und ausbilden.« So ist der Hafen von Kloster auch heute noch für die meisten Tagesbesucher ihre erste Begegnung mit der Insel, die sich vor der Westküste Rügens mit einer Länge von über 18 Kilometern erstreckt mit ihren vier Ortschaften Kloster, Grieben, Vitte und Neuendorf, von denen jede mit ihrer über Jahrhunderte währenden Geschichte sich ihre Eigenart bewahrt hat.

Durch seine Kulturstätten bleibt Kloster – obwohl die Gemeindeverwaltung, die Touristen-Information und das Einkaufszentrum sich in Vitte befinden – sicherlich auch weiterhin bevorzugtes Ausflugsziel. Hier befand sich einst das in den Jahren

Der Hafen von Kloster

Das historische Gräberfeld auf dem Inselfriedhof

Die Inselkirche

Der Innenraum der Inselkirche

1296 neu gegründete Kloster, von dem gegenwärtig noch Teile der Umfassungsmauer und eines vermuteten Klostertores zeugen, und befindet sich auch das 1897 neu erbaute Gutsgebäude, das die Stelle des einstigen »Klosterhoffes« einnimmt, der schon im 16. Jahrhundert in Quellen erwähnt wird und der auf dem Gelände des ehemaligen Klosters nach dessen Auflösung und Zerstörung eingerichtet wurde.
Doch wohin soll der Besucher von heute sich wenden, welchen Weg kann er nehmen und welche Auswahl ist möglich? Ein erstes Anlaufziel sollte vielleicht die Kirche mit ihrem Friedhof sein, wo neben den Einwohnern der Insel Hiddensee, deren Namensgleichheit von den langen Familientraditionen in der Inselabgeschiedenheit zeugt, der Dichter Gerhart Hauptmann seine letzte Ruhestatt gefunden hat oder die Familie der Schöpferin der Käthe-Kruse-Puppen. Auch die Grabstätten von Walter Felsenstein, dem langjährigen Intendanten der Berliner Komischen Oper, und der berühmten Tänzerin Gret Palucca sind hier zu finden. Der besonderen Atmosphäre dieser Inselkirche und ihres Friedhofs mit seinen weit in die Vergangen-

heit zurückweisenden Grabsteinen wird sich niemand entziehen können, auch nicht dem Eindruck des einfachen Kirchenraumes, der in den letzten Jahrzehnten durch vielfältige Veranstaltungen zu einer Stätte kirchlicher und kultureller Begegnungen wurde, so nicht zuletzt durch die beliebten Donnerstag-Abend-Konzerte.
Das Pfarrhaus gegenüber, in den Jahren 1850/51 neu erbaut, mit dem sich anschließenden Gemeindehaus und dem Gästehaus der Evangelischen Landeskirche Greifswald vervollständigt den Gesamteindruck, den dieser Teil der Ortschaft auf den Besucher ausübt. Dazu gehört auch das neu erbaute Küsterhaus, das für kirchliche Veranstaltungen und Ausstellungen genutzt wird.
Nur wenige 100 Meter von hier, Richtung Weststrand auf der Hauptstraße, lädt die Gerhart-Hauptmann-Gedenkstätte zum Besuch ein.
Hatten schon im 19. Jahrhundert Künstler die Schönheit Rügens und auch Hiddensees entdeckt – beide Inseln wurden erst seit 1815 wieder aus schwedischem Besitz Preußen zugehörig –, so wurde in den ersten Jahrzehnten unseres Jahrhunderts die unversehrte und einmalige Naturschönheit Hiddensees zu einem immer stärkeren Anziehungspunkt für Künstler und Menschen,

Die Gerhart-Hauptmann-Gedenkstätte

welche die individuelle Begegnung mit der Landschaft, mit ihren Bewohnern suchten, sicherlich aber auch Ruhe und Einsamkeit. Weltbekannte Namen finden sich in den Gästebüchern der Hotels und Logierhäuser, Albert Einstein und Sigmund Freud waren hier, auch Thomas Mann; und in den zwanziger Jahren wurde das Sommerhaus von Asta Nielsen, das »Karusel«, zum Treff- und Sammelpunkt eines fröhlichen Künstlervölkchens. Eine bleibende Spur hinterließ Gerhart Hauptmann, der 1930 das Haus »Seedorn« erwarb, heute eine Gedenkstätte, die über Leben und Wirken des Dichters, vor allem über seine Beziehungen zur Insel Hiddensee, die er zum ersten Mal 1885 besuchte, Auskunft gibt.
Am Ende dieser Wegstrecke findet der Besucher schließlich, nur wenige Meter vom Weststrand entfernt, das mit großer Liebe und Sachkenntnis aufgebaute und in jüngster Zeit neu gestaltete Heimatmuseum der Insel, das ihn ausführlich informiert über Geschichte und Geschicke der Insel, über Land und Leute, über Flora und Fauna. Mit geschärftem Blick wird er seine Wanderung fortsetzen, die ihn zurück nordwärts auf der Hauptstraße in Richtung Hochland zum Leuchtturm oder südwärts nach Vitte führt. Doch sollte er sich vorher stärken wollen, so laden Gaststätten wie das »Hitthim«, das »Wiesen-eck« und das »Haus am Hügel« neben mehreren kleinen Raststätten zur Einkehr ein.

Das Heimatmuseum der Insel

Gästehaus »Dornbusch«

Gaststätte »Hitthim«

Die Hucke am Weststrand von Kloster

Aufstieg zum Leuchtturm

Man wird sich entscheiden müssen, welchen der möglichen Wege zum Leuchtturm im Hochland des Dornbusches an der Nordküste man nimmt. Vom Heimatmuseum bietet sich, nach wenigen Schritten zum Strand, die Wanderung zunächst am Westufer an, wo nach einigen 100 Metern die aus schwedischem Granit im Jahre 1930 zum Schutz der Küste festgefügte Mole das Steilufer der Hucke vor dem Ansturm des Meeres schützt. Jedoch auch der Aufstieg über eine Treppe vor der

Hucke, die sich bis zu 40 Meter hoch über dem Meeresspiegel erhebt, lohnt sich durchaus, kann man doch an deren Rand, der teilweise schroff zur Küste abfällt, zwischen Heckenrosen, Sanddorn und Kiefern entlangwandern, teilweise auf romantisch verschlungenen Pfaden, mit unverhofften Ausblicken auf das Meer und die Küste. Viele von Naturschönheit erfüllte Eindrücke bieten sich dem Wandernden durch den Dornbusch, der dem Hiddenseer Bergland seinen Namen gegeben hat. Schließlich erreicht er, am Nordufer weiter aufsteigend, den »Klausner«, der einlädt zum Verweilen.

Waldrestaurant »Zum Klausner«

Dieses Waldrestaurant, etwa 70 Meter über dem Meeresspiegel gelegen, ist nach wie vor ein erklärtes Ausflugsziel für den Besucher der Insel.
Wenige Minuten Fußweg entfernt von hier erhebt sich, aus einer Bergkuppe emporsteigend, der Leuchtturm, dessen Aussicht von seiner Plattform schwärmend schon vor fast einem Jahrhundert beschrieben wurde: »Die ganze, oft nur auf Steinwurf breite Insel dehnt sich vor uns aus, einer grünen Landkarte gleich. Nur vom Rugard, dem Mittelpunkt Rügens, und vom Nordperd in Göhren aus bietet sich ein ähnlicher Blick, aber er ist doch ganz anders geartet, – dort übersieht man die Insel Rügen und das zerklüftete Mönchgut – hier auf den Bergen und dem Leuchtturme von Hiddensee ist das Meer das vorherrschende. Nach Norden und Westen verliert sich der Blick in die endlose See – und fern am Horizonte taucht bei hellem

Blick über den Dornbusch

Wetter die dänische Insel Moen aus den blauen Fluten, und deutlich erkennen wir ihre weißen, silberschimmernden Kreideklippen.
Im Osten schauen wir nach Rügen! Wie Meereswellen liegt das hügelbesäte Inselland vor uns und ungezählte Buchten schmiegen sich liebkosend tief hinein und von Süden her grüßen Stralsunds Türme zu uns herüber. Uns zu Füßen aber schlummert ›dat söte Länneken‹, wie die sonst recht poesiearmen Hiddenseer ihr idyllisch-schönes Land seit uralten Zeiten so überaus treffend nennen! Möwen flattern vom Außen- zum Binnenstrande – das Lied ungezählter Lerchen erklingt hoch über uns in köstlich reiner Inselluft und dazu das ununterbrochene Rauschen der Wogen Tag und Nacht! – es ist ein Ort, so weltfremd, so natureigen, hier läßt sich träumen noch ungestört – hier kann der Mensch noch unbehelligt dem Pulsschlage der Natur lauschen!«
Zu entscheiden ist, welche Route für den Abstieg gewählt werden soll. Zwingt Zeitnot dazu, so ist der direkte Abstieg über den »Inselblick« geboten, von dem aus sich die langgestreckte Fläche der Insel nach Süden vor dem Auge ausbreitet, während sich linker Hand die Ortschaft Grieben mit

Die Steilküste

Blick auf Grieben

ihren romantischen Häusern an das Boddengewässer schmiegt und dahinter der Alte und Neue Bessin sichtbar werden. Über die Hügelkette ist Grieben in etwa 20 Minuten zu erreichen. Der Weg am Steilufer entlang, über Hügel und sich schlängelnde verwachsene Pfade, Richtung Osten, führt an den Überresten von Befestigungsanlagen aus dem zweiten Weltkrieg vorbei, aber im Sommer auch an leuchtend bunten Wiesenflächen, in die Sanddorngefilde der Bessine, dabei, nach deren Durchquerung, den Blick auf das gegenüberliegende Rügen ganz öffnend.
Nur dem, der gut zu Fuß ist, kann die Wanderung unten am Ufer empfohlen werden, um die Nord-Ost-Spitze der Insel herum, den »Enddorn«, wo Steingeröll zu überwinden ist und bei hohem Wasser auch einmal nasse Füße in Kauf genommen werden müssen. Doch belohnt wird der Wanderer auch hier, wenn er den Neuen Bessin mit seiner knorrigen Natur vor sich liegen sieht, die selbst auf den Bau der Sandburgen der »Bessin-Bader« übertragen wurde. Es ist ihm aber verwehrt, den südlichen Teil zu betreten, da dieser ebenso wie Teile des Alten Bessin als Naturschutzgebiet ausgewiesen ist. Beide Landschaftsareale sind Brut- und Aufenthaltsort selten gewordener Vogelarten, aber auch Sammelpunkt und Zwischenstation für die Schwärme von Zugvögeln, die im Frühjahr und Herbst hier auf ihrem Flug von einem Kontinent zum anderen Rast machen.

Der Enddorn

Am Bessin

Der Inselblick

Grieben

Am Alten Bessin vorbei läßt sich Grieben zunächst auf einem Wanderpfad, dann auf der angelegten Straße in etwa 20 Minuten erreichen. »Es leben darin Fischer, Gutsarbeiter und einige Dauermieter«, schrieb der Reiseschriftsteller Arved Jürgensohn über diese Ortschaft 1924, deren östliche Häuserzeile an der flachen Bucht liegt, der gegenüber der Alte Bessin mit seinen weit sich streckenden Wiesen und den dunklen Sanddornhecken sich niedrig aus dem Wasser reckt. »Mit seinen lauschigen grünen Gärten und zahlreichen malerischen Strohdachhäuschen ... ist es ein kleines uraltes Fischerdorf am Fuß der Südostabhänge des Dornbuschlandes ... Sicherlich ist es die älteste Ortschaft Hiddensees, deren slawischen Ursprung schon der Name andeutet.« Vielleicht erspürt der Wanderer den unverwechselbaren Charakter dieses Ortes, den die Gegenwart noch nicht so recht erreicht zu haben scheint – auch wenn die Einwohner von heute anderen Berufen nachgehen.

Verläßt man Grieben in Richtung Süden, so führt eine befestigte Straße zum Nordteil von Kloster, von der sich nach beiden Seiten schöne Landschaftsansichten öffnen.

Noch einmal soll erwähnt werden, daß der Abstieg vom »Klausner« oder Leuchtturm in direkter Südrichtung zum

Rohrgedecktes Haus im Hochland von Kloster

berühmten »Inselblick« führt, der sich auf dem Plateau auftut, wenn man die Waldungen verläßt. Dieser Blick ist von bleibender Einmaligkeit: rechts die anrollenden Wogen des Meeres mit dem weiten hohen Himmel darüber, links, nach den lieblichen Hügeln, die verträumte Boddenlandschaft mit Booten und Kähnen – im Süden, geradeaus vor den Augen liegend, die sich in ihrer ganzen Schmalheit darbietende Insel. Die abfallenden Hügel führen zum Nordteil Klosters, mit ihren blühenden Ginsterbüschen im Frühsommer sind sie von beeindruckender Naturpracht – und dann, hinter Kloster, tauchen die Häuser und Wiesenflächen von Vitte auf, und schließlich findet der weiter gleitende Blick die Umrisse von Neuendorf und dem Gellen ganz im Süden.
Zwei Wegstrecken zurück nach Kloster bieten sich von hier aus an. Die gerade abwärts über die Hügel in den Nordteil des Ortes führende, und die Wanderung entlang dem Waldesrand, die schließlich in dem Mittelteil Klosters endet, den der Besucher der Insel meist schon bei seiner Ankunft kennengelernt hat. Unterwegs wird er neben den auffallend schönen Sommerhäusern einen herausragenden mehrteiligen roten Backsteinbau entdecken, die Lietzenburg, 1904 von dem Bildhauer und Maler Oskar Kruse erbaut.

Der Strand in Vitte

Vitte – die Mitte der Insel

Wer mit dem Schiff oder Boot in Vitte ankommt, wird sich schnell zurechtfinden. Hat er eine längere Bleibe vorgesehen, so wird er schon im belebten Hafen die Auskunft erhalten, ob seine Unterkunft am Norderende, also in Richtung Kloster, oder am Süderende, das heißt in Richtung Neuendorf liegt. Geradeaus vom Hafen geht es, an dem nicht zu übersehenden ehemaligen Hotel »Zur Ostsee« mit seiner rot aufragenden Zwiebelkuppel vorbei, direkt an den Strand. Über diesen Strand wurde schon vor achtzig Jahren gesagt, daß es kein Seebad der Welt gäbe, »dessen Badeleben so zwanglos und unbeanstandet verläuft und sich ausgebildet hat, als dasjenige von Vitte und Hiddensee überhaupt.« Es wird mit seiner breiten, feinkörnigen Sandfläche, den »Burgen« der Badegäste und der Aussicht nach Kloster mit der Hucke für den Besucher auch das schönste Erlebnis sein und bleiben; denn neben den

Der Hafen von Vitte

gastronomischen Einrichtungen, den Hotels und Restaurants »Seeblick« und »Godewind«, dem »Strandhotel«, dem Hotel zur Post, dem »Hiddenseer« und der »Boddenschänke« und einigen anderen nicht weniger gastfreundlichen Restaurationen sind es vorrangig die Buchhandlung »Die Koralle«, wo ein reiches Angebot an Hiddensee-Literatur zu finden ist, und die »Blaue Scheune« mit ihrer Ausstellung in den Sommermonaten, die den Gast ablenken von der Natur und dem Dorfleben. Dennoch ist das Fischerdorf Vitte der zentrale Mittelpunkt des Hiddenseer Verkehrs, eine gute Wegstunde von Neuendorf entfernt, von Kloster etwa 30 Minuten und von Grieben um die 50 Minuten. Ebenso wie die von Kloster, reicht seine Geschichte weit in das Mittelalter zurück, die erste nachgewiesene urkundliche Erwähnung findet sich für das Jahr 1513; der Name Vitte besagt, daß es dort einen Fischanlandeplatz am Strande mit dazugehörigen Unterkunftshütten gab, den »Vitten«.

Die »Blaue Scheune«

Ehemalige Windmühle

Das Asta Nielsen Haus »Karusel«

Häuser in Vitte

Der Seglerhafen

Will sich der Ankommende nordwärts wenden, in Richtung Kloster, so bleibt die Wanderung am Strand, teilweise auf der Strandpromenade, oder der Weg auf der befestigten Fahrstraße von Vitte nach Kloster. Von besonderem Reiz ist zweifellos der Weg am Boddengewässer entlang, am Fuß des Deichs, vorbei am Seglerhafen, der in den warmen Monaten dicht belegt ist von Segelbooten mit »Mannschaften« unterschiedlichster Nationalität. In unmittelbarer Nähe dieses Hafens führt eine Häuserzeile zur Verbindungsstraße von Vitte nach Kloster, wo der Besucher das in vielerlei Weise in die Literatur eingegangene »Karusel«, das Sommerhaus der legendären Stummfilmdiva Asta Nielsen, bestaunen kann. Zusammenfassend gilt jedoch für die ganze Ortschaft, was Arved Jürgensohn in seinem schon zitierten Hiddensee-Buch feststellte: Sie »hat noch den idyllischen Reiz ungeschminkter, ungezwungener Ländlichkeit, sie hat vollkommen reine Luft, grüne Matten, blauen Himmel und viel heiteren Sonnenschein. Weite Fernsicht gibt es überall. Der Blick aus dem oberen Stockwerk eines Hauses ist von überraschend erhöhter Schönheit. Die untergehende Sonne im Westmeer, der Mondschein auf den Fluten, die wechselnden Wolkenbilder, alles das schafft hier eine hohe Poesie.«

Der Weg vom Zentrum Vitte in Richtung Süden ist besonders im Spätsommer, im August und September, von beeindruckender Erlebnisvielfalt.

Die Hiddenseer Heide und die Fährinsel

Am südlichen Ende von dem in den siebziger Jahren eingedeichten Vitte, dort, wo der befestigte Deich mit seinem Gehweg nach Osten zum Bodden abbiegt, beginnen die Anfänge der Dünenheide, zunächst noch von vereinzelten Sommerhäusern besiedelt. Nimmt der Wanderer den Weg nach Süden hinter dem grasbewachsenen, nicht mehr betretbaren Deich, sieht er sich schon nach weniger als 10 Minuten einer Landschaft gegenüber, der Dünenheide, die insbesondere im Spätsommer, wenn sich das lilablühende Heidekraut neben den Dünenhügeln ausbreitet, dieser Landschaft eine unverwechselbare, einmalige Schönheit gibt. Im Verbund mit dem Blau des Meeres und der Reinheit des oft von Wolken leicht überzogenen Himmels zieht sie den Wanderer unwiderstehlich an, mit der »Wucht der Natureinsamkeit«, der er sich nicht entziehen kann.

Diese Heidelandschaft wird auf der Höhe der Fährinsel und der Hotelanlage »Heiderose« unterbrochen durch die Ansiedlung der Dünenhäuser, die meist versteckt in Kiefergehölzen liegen und teilweise das ganze Jahr über bewohnt werden. Läßt man diese Siedlung hinter sich, so befindet man sich wieder in der Heide auf dem Weg nach Neuendorf, der von

Ein Sommerhaus in der Heide

In der Heide

Blick auf die Fährinsel

hier etwa noch 30 Minuten beträgt. Einzelne Schneisen führen durch die Heide bis zu dem Waldgehölz, welches vor Neuendorf liegt, sie münden auf die betonierte Straße, die Vitte mit Neuendorf verbindet, oder vereinen sich zum Waldweg hinter den Dünen. Sehr zu empfehlen bleibt auch der Weg am Strand, der unvermutet nach Umwanderung der Westspitze den Blick frei gibt auf die südliche Ausdehnung der Insel Hiddensee, die in ihrer Flachheit täuscht über ihr Ausmaß, aber dann, beim Näherkommen, mit den Umrissen der niedrigen Häuser von Neuendorf auch schon hinweist auf die umweltgestaltende Hand des Menschen. Von der ständigen Bedrohung des Uferstrandes zeugen hier die in dem Meer angelegten Steinbuhnenanlagen, die eine Abtragung verhindern sollen.
Wer jedoch auf seiner Wanderung die »Heiderose« – wenn er nicht den Weg über die Betonstraße Vitte-Neuendorf benutzt – besuchen möchte, der muß durch die Dünensiedlung sich nach Osten wenden und über die ausgetretenen, teilweise schmalen Fußpfade sich an dem Dünenhof und den rohrgedeckten Ferienhäusern vorbei der neu ausgebauten Hotelanlage nähern, die mit ihrem Gartenlokal und dem Restaurant den Besucher einlädt.

Hotelanlage »Heiderose«

Strand zwischen Vitte und Neuendorf

Etwa auf der gleichen Höhe nach Osten zu, über einen befahrbaren Feldweg zu erreichen, liegt dann, etwa 15 Minuten entfernt, die Fährinsel, die als Naturschutzgebiet ausgewiesen ist und nur unter besonderen Bedingungen betreten werden kann. Mit einer Länge von etwa 1,2 Kilometern und einer größten Breite von etwas mehr als 500 Metern ist sie ein ideales Brutgebiet für viele selten gewordene Vogelarten. Schon im Mittelalter bestand auf dieser Insel eine Fähreinrichtung, die das Übersetzen nach Rügen möglich machte, zu Beginn unseres

Fischernetze am Strand

Jahrhunderts existierte noch ein Schankhaus und die Möglichkeit, sich dort einzumieten. Neben der weitgehend unberührten Natur ist es die alte Schwedenschanze an der äußersten Ostseite, die aus den kriegerischen Auseinandersetzungen des 17. und 18. Jahrhunderts übriggeblieben ist, welche in die Geschichte dieser Landschaft zurückweist.

Der Weg am Bodden nordwärts führt zurück nach Vitte über teilweise nur schwer begehbare Schilf- und Wiesenflächen, er mündet schließlich auf dem Deich am Bodden und führt zurück zum Hafen von Vitte. Viele malerische Ausblicke über das weit sich erstreckende Inselland mit einem kleinen Binnensee linker Hand, aber auch auf das Boddengewässer mit der gegenüberliegenden Küste der Insel Rügen oder auf das Hochland des Dornbusch machen diesen Weg zu einem romantischen Naturerlebnis.

Wer jedoch von hier, der Fährinsel, weiterwandern will nach Neuendorf, der muß zurück auf die Landstraße und von dort, an der »Heiderose« vorbei, sich nach Süden wenden. In etwa 20 Minuten wird er die weißen Flächen der Häuser von Neuendorf vor sich auftauchen sehen.

Das Fischerdorf Neuendorf

Während noch zu Beginn unseres Jahrhunderts von zwei »Süderdörfern« die Rede war, nämlich von Neuendorf und Plogshagen, so ist dem heutigen Besucher meist nur noch der Ortsname Neuendorf bekannt, das erst kurz vor dem ersten Weltkriege durch die Anlage einer Dampferanlegestelle für den Tagestourismus erschlossen wurde. Sein von den immer wiederkehrenden Feriengästen oder Sommerhausbesitzern geschätzter ursprünglicher Charakter hat sich seit diesem Zeitpunkt nur wenig verändert. Nach wie vor finden Urlaubsgäste hier in den Sommermonaten, aber auch im Frühjahr und Herbst ihren ersehnten Erholungsplatz. Wenn auch der Strand mit seinen Steinbuhnen nun dichter bevölkert ist – die sich gleichsam in die weiten Rasenflächen einschmiegenden, meist mit Rohr gedeckten weißgetünchten Häuser stehen noch immer geordnet in den Reihen, nur selten mit einem Zaun umgeben. »Das ganze Gelände ist hier flach und eben, aber ringsum sieht man von etwas erhöhtem Standpunkt allenthalben das Meer. Nach Westen hin lagert allerdings am Wassersaum ein fast 1,5 Kilometer langer mächtiger Steinwall davor, der als Küstenschutz in den Jahren 1906 bis 1910 entstanden ist. Im Süden, wo die Sturmflut von 1872 die Landenge ganz durchbrochen hatte, ist schon bald danach an der Binnenwasserseite ein 1,75 Kilometer langer, fest gemauerter, hoher Steindamm angelegt worden (1878), dessen breite befahrbare Kammerhöhe einen beliebten, aber etwas harten Spazierweg bildet.« Er führt von der Küste im Süden des Dorfes zum »Schwarzen Peter«. Auf der anderen Seite des Damms befindet sich ein kleiner See, umgeben von Laubbäumen.
Wie die anderen Ortschaften Hiddensees kann auch das heutige Neuendorf auf eine weit in die Vergangenheit, in ihren Einzelheiten nicht vollständig überschaubare Geschichte zurückblicken. Urkunden belegen seine Existenz schon im 14. Jahrhundert, aber auch davor dürfte es schon eine Ansiedlung gewesen sein. Das wechselvolle Schicksal dieser Siedlung, wo immer nur wenige Katen zu finden waren, hatte im November 1872 einen Höhepunkt, als mit der Sturmflut, welche die Landenge im Süden ganz durchbrach, ein erstes Fundstück des weltberühmten Hiddenseer Goldschmucks zu Tage kam, dem im nachfolgenden Jahr und später weitere folgten. Alle Fundstücke werden im Stralsunder Kulturhistorischen Museum aufbewahrt, Nachbildungen sind im Heimatmuseum Kloster

zu sehen. Die Erforschung ihrer tatsächlichen Herkunft ist auch heute noch umstritten, als mögliche Entstehungszeit wird das 10. oder 11. Jahrhundert angenommen.
In jüngster Zeit hat Neuendorf durch das in den achtziger Jahren erbaute Evangelische Gemeindehaus »Uns Tauflucht« eine schöne Stätte für kirchliche Veranstaltungen und Begegnungen gefunden, die viele Gäste anziehen.
Für den gastlichen Aufenthalt sorgen bewährte gastronomische Einrichtungen, das traditionsreiche »Haus am Meer«, die »Stranddistel«, das »Strandcafe« und einige in den letzten Jahren neu eröffnete.

Fischerhaus in Neuendorf

Hotel »Haus am Meer«

In Neuendorf

Der kleine Leuchtturm hinter Neuendorf

Der Weg zum Gellen

Kenner der Badestrände von Hiddensee wissen, daß südlich von Neuendorf der weiße feine Sand und der Wellenschlag bei günstigen Wetterverhältnissen von keinem anderen Uferteil der Insel übertroffen werden. Der Wanderer verläßt Neuendorf, wenn er nicht den Weg über den Wall am »Schwarzen Peter« vorbei wählt, auf dem Sandweg hinter dem Deich mit den Waldstreifen zu beiden Seiten, oder er geht am Meeresufer entlang gen Süden. Wenn er auf dem ersteren Wege hinter den Waldungen das flach sich ausbreitende Land erreicht, wird sein Blick nach Süden in die Ferne nur durch sanfte, kaum merkliche Erhebungen unterbrochen, steppenähnlich bedecken Gräser die Landfläche, nach Westen zu werden die Baumpflanzungen hinter dem Deich immer niedriger und schmaler, bis sie ganz entschwinden.
Auch auf dem Weg am Ufer erreicht man nach etwa 20 Minuten den für den Süden der Insel zum Kennzeichen gewordenen kleinen Leuchtturm (welcher bei der Schiffsanfahrt von Stralsund schon aufgefallen ist), der frei auf einer Schneise in den Kiefernwaldungen hinter dem Deich steht. In seiner Einfachheit und harmonischen Einordnung in die Landschaft ist er ein beliebtes Objekt für Erinnerungsfotos.

Auf dem Gellen

Im Süden der Insel

Sein Standort ist gleichzeitig von geschichtlicher Bedeutung, befand sich doch im Mittelalter, nicht weit südlich von hier, auf dem Gellen, eine Kirche mit einer »Luchte«, einem Leuchtfeuer daneben, das den nach Stralsund fahrenden Schiffen den Weg durch die Meeresenge weisen sollte. Es war in diesen frühen Zeiten das zweite Leuchtfeuer an den Küsten der Ostsee überhaupt. Eingerichtet wurde es zu Beginn des 14. Jahrhunderts »zum Nutzen der ankommenden Kaufleute«, wobei es vom 8. September bis zum 1. Mai brennen sollte. Den Leuchtfeuer-Wächter stellte das Kloster, welches auch die Kerzen lieferte. Auch ein sogenanntes »Elendhaus« soll hier, wo damals das Ende der Südspitze von Hiddensee war, gestanden haben. Es gewährte den Seefahrenden, den Kaufleuten und Schiffern Unterkunft, mußten hier doch, bedingt durch die Untiefe des Meeres, die Schiffe bei Niedrigwasser in mühseliger Arbeit teilweise entladen werden vor der Weiterfahrt nach Stralsund. Überreste dieser Gellenkirche sind bei niedrigem Wasserstand und nach Sturmfluten auch heute sichtbar, und die Grundrisse konnten aufgenommen werden; so von dem Inselpastor Arnold Gustavs, der 1914 einen rekonstruierten

Lageplan dieser Kirche beziehungsweise Kapelle entwarf, deren Abmessungen weniger als 9 x 17 Meter betrugen.
Diese mittelalterliche Anlage, der sich gewiß auch einige weitere Katen anschlossen sowie erforderliche Bollwerke zum Anlegen der Schiffe, befand sich damals am südlichen Ende der Insel. Im Laufe der nachfolgenden Jahrhunderte wuchs die Inselspitze weiter durch Anschwemmungen und Dünensandanwehungen, und zwar etwa 3,5 Kilometer. Heute trennt nur noch eine schmale Meeresenge die Insel Hiddensee vom Bug, dem nördlichsten Ausläufer des Darß, deren Fahrrinne ständig für die nach Stralsund fahrenden größeren Schiffe freigehalten werden muß. Dieser südlichste Inselteil ist naturgeschütztes Gebiet, für Besucher nicht betretbar. »Hier auf dem Gellen herrscht meist die größte Einsamkeit. Von den bis 5 Metern erhöhten Dünen hat man eine weite Aussicht ringsum, auf Rügen, auf das Festland, die Türme Stralsunds und die Dörfer und Berge Hiddensees. Scharen von Seevögeln bevölkern diese Gegend. An der äußersten Südspitze ist diese Welt für sich zu Ende.«

Abschied

Der Wanderer über die Insel Hiddensee kann, wenn er ermüdet und ein »Tagesausflügler« ist, auch von Neuendorf aus seine Rückreise nach Rügen über Schaprode, oder auf das Festland nach Stralsund antreten. Ein Wassertaxi sichert bei stabiler Wetterlage die Rückreise auch dann, wenn das Schiff nach Schaprode verpaßt wurde. Der Wanderer verläßt, reich an Eindrücken, eine Insel, die schwärmerisch das »Capri des Nordens« genannt wurde. Doch gilt für sie noch mehr das, was schon 1837 Freiherr von Schönholz über ganz Rügen und Hiddensee schrieb: »Gerade dieses Ländchen mit seinen hundertfältigen kleinen sich drängenden Wunderszenen ist am wenigsten geeignet für eine Wanderung in Siebenmeilenstiefeln. Es will verstanden und empfunden sein. Seine Naturszenen wirken nicht allmächtig und urplötzlich auf die Phantasie, sie sprechen mit sanften Zungen; erwärmen allmählich, doch umso dauerhafter, statt auf den ersten Anblick betäubt zu entzücken.«